Das Partyspiele-Buch

Viele tolle Spiele für Hochzeiten, Geburtstage, kleine Partys, Babyshower usw.

von Johanna Miller

Wichtig - Bitte lesen:

Die Trinkspiele sind für Personen unter 18 Jahren nicht geeignet! Wie speziell vor den Trinkspielen nochmals geschrieben, heißt weder der Autor, noch der Verlag den extremen Konsum von Alkohol gut. Jeder der Alkohol konsumiert, handelt eigenverantwortlich.

Bei Spielen in denen mit Feuer gearbeitet wird, weisen wir ausdrücklich auf die Brandgefahr hin. Diese Spiele sollten in nüchternem Zustand gespielt werden.

Grundsätzlich wird für alle vorgeschlagenen Spiele in diesem Buch keinerlei Haftung für Folgen der Nutzung dieser zur Verfügung gestellten Anregungen, weder von dem Autor, noch von dem Verlag übernommen. Das Umsetzen der Spiele geschieht auf eigene Gefahr.

Idee & Gestaltung dieses Buches: © Johanna Miller

Inhalt

HOCHZEITSSPIELE 9

Begriffe raten 10

Das große Kennenlernen 11

Mister Twister 12

Stich den Ballon 13

Fütter mich 14

Rate sie 15

Einigkeit...16

Der richtige Finger..17

Nudel mich...18

Liebesdenkmal...19

Teamwork...20

Zeig her deine Beine 21

Einzigartige Kunst...22

Identitätserinnerung 23

Einen Penny für die Flasche, bitte 25

Jahrmarkt...26

Schnapp mich 27

Der Schleiertanz mit dem Schirm 28

Entrümplungstombola 29

Rosentanz 30

Liebespost 31

Flaschenschwanz 32

Brautentführung 33

SPIELE FÜR GROSSE FEIERLICHKEITEN 35

Der Tanz mit dem Hut 36

Känguru 37

Eins – zwei oder drei 38

Merlins Nagel 39

Ertaste mich 40

Personenknoten 41

Gurkentanzduell 42

Beiß mich 43

Storchentanz 44

Zieh dich an und ich mich aus 45

Kopf Topf 46

Catwalk 47

Platz mich 48

Lachparade 49

Flüsterpost 50

Zeitungsdruckerei 51

Der schiefe Turm von… ... 52
Ich rate mich ... 53
Wiederhol mich ... 54
Fahrschule ... 56
Misch mich ... 58
33 Luftballons ... 59
Luftballon schießen ... 60
Luftballon Tanz ... 61
Was verändert sich? ... 62
Tierpfleger einmal anders ... 63
Das Auge ... 65
Menschenkreis ... 67
Mach mich ... 68
Hilfe, Feuer ... 69

SPIELE FÜR KLEINE GESELLSCHAFTEN ... 71

Zähle uns ... 72
Das große Füttern ... 73
Weck mich ... 74
Küss den heiligen Boden ... 75
Kick den Ballon ... 76
Spiel mich ... 77
Was esse ich / was rieche ich ... 78

Ein Wort aus Zwei 79

Eiertanz 80

TRINKSPIELE 81

Flunky Ball 83

Filmzauber 84

Pendel mich 85

Würfelspass 86

Kerzen ausblasen 87

Die Kutsche 88

BABYSHOWER 90

Babybegriffe 91

Wer saugt schneller 92

Windel mich 93

Rate mich 94

Rollentausch 95

Tipp mich 96

Mal mir was 97

Viele tolle Spiele für verschiedene Gesellschaften

Einige der Spiele sind auch für andere Gesellschaften als den zugeordneten (z.B. Geburtstage etc.) geeignet. So können Hochzeitsspiele auch auf anderen Feierlichkeiten, oder Spiele für große Feierlichkeiten auch auf einer Hochzeit gespielt werden. Das Trinkspiel aus dem Babyshower Kapitel kann auch als Trinkspiel verwendet werden, usw.

Die Spiele dürfen gerne den Gegebenheiten sowie der Anzahl Gäste und den eigenen Wünschen angepasst werden. Ob und ab wann der Sieger belohnt oder bestraft wird und wie, darf selbst entschieden werden.

HOCHZEITSSPIELE

Begriffe raten

Bei diesem Spiel teilt ihr die Gäste eures Hochzeitsfestes in zwei Gruppen auf. Nehmt euch je fünf Karten (oder mehr) und notiert auf jede Karte je einen Begriff eurer Wahl, der jedoch etwas mit dem Brautpaar zu tun hat. Wenn ihr soweit seid, erklärt abwechselnd die eine Gruppe einen der Begriffe der anderen Gruppe. Das Wort darf dabei weder genannt, noch in die Luft gemalt, noch mit Handzeichen gedeutet noch getanzt werden. Das Brautpaar muss die Begriffe erraten.

Hier könnt ihr euch überlegen, ob das Brautpaar alle Begriffe erraten muss oder beispielsweise mindestens die Hälfte. Gerne könnt ihr hierbei auch ein Zeitlimit pro Runde setzen.

Um das Spiel noch etwas zu intensivieren, könnt ihr euch gerne auch eine Strafe für das Brautpaar einfallen lassen, sollten die von euch bestimmte Anzahl von Begriffen nicht erraten worden sein. Dann sollte jedoch auch eine Belohnung bei Gelingen drin sein.

Benötigtes Material: Karten oder Zettel, zwei Stifte

Das große Kennenlernen

Alle Gäste stellen sich im Kreis um das Brautpaar herum. Das Brautpaar hat einen Ball, welchen sie abwechselnd einem Gast ihrer Wahl zuwerfen. Dieser muss kurz seinen Namen nennen, und etwas über sich erzählen. Dies kann gerne der Verwandtschaftsgrad zu dem Brautpaar sein, sein Alter, sein Wohnort, sein Beruf oder was immer er möchte. Jeder Gast kann mehrmals drankommen. Den Namen muss er jedes Mal nennen, die Info über sich sollte variieren. Kommt ein Gast zum vierten Mal dran, darf er dem Brautpaar einen netten Wunsch für deren Ehe nennen und kann anschließend aus dem Kreis austreten.

Benötigtes Material: einen Ball

Mister Twister

Dieses Spiel bitte nur auf einem Boden spielen, bei dem ihr die Kreide wieder wegbekommt, alternativ im Freien.

Zeichnet auf dem Boden drei Quadrate mit je vier Feldern. Bitte sorgt dafür, dass die Felder auch groß genug sind. Jedes Feld bekommt eine Farbe zugewiesen. Bestimmt vor dem Spielen, welche Farbe für die folgenden Körperteile steht:

Rechtes Bein, linkes Bein, rechter Arm, linker Arm
Beispiel: Rechtes Bein = Rot, linkes Bein = blau, usw.

Ihr bestimmt nun drei Paare, die sich vor den Quadraten positionieren. Der Spielführer dreht die Schreibe und spricht die gedrehte Farbe laut aus. Nun müssen die Damen der Paare beginnen und ihr entsprechendes Körperteil auf das entsprechende Feld setzen. Als nächstes sind die Männer dran. Dann wieder die Damen, und so weiter. Das Paar, bei dem als erstes eine Person umfällt, scheidet aus.

Ob und was ihr als Belohnung an das Gewinnerpaar aushändigt, entscheidet ihr.

Benötigtes Material: bunte Kreide, eine Drehschreibe mit vier Farben

Stich den Ballon

Bei diesem Spiel muss der blinde Bräutigam Ballons zerstechen. Hierzu gibt die Braut dem Bräutigam die Richtung vor, in der die Ballons abzustechen sind. Diese werden vorher entweder an einer Wand, einem Baum oder dem Boden oder an Schnüren befestigt. Der Bräutigam bekommt nun die Augen verbunden und muss den Anweisungen seiner Herzensdame folgen um die Ballons zu erstechen. Hierbei kann entweder lustige Faschingsmusik, oder „Schlafzimmermusik" abgespielt werden. Je nachdem wie die Kommandos der Braut ausfallen, kann dies ein etwas zweideutiges Spiel werden.

Benötigtes Material: Mehrere Ballons, Bindfaden, eine Nadel, eine Augenbinde

Fütter mich

Ihr richtet für dieses Spiel drei Stühle, drei Teller mit Joghurt, Nutella oder Schlagsahne und drei Löffel. Drei auserwählte Paare dürfen an diesem besonderen Wettessen teilnehmen, bekommen jedoch die Augen verbunden. Die Männer setzen sich auf den Stuhl und nehmen ihre Herzensdamen auf den Schoß. Die Frauen setzten sich auf den Schoß und nehmen je einen Teller mit Joghurt, Nutella oder Schlagsahne in die Hand. Die Männer bekommen den Löffel und müssen nun von hinten um Ihre Damen herumgreifen, mit dem Löffel Joghurt, Nutella oder Schlagsahne löffeln und die Damen damit füttern.

Ihr entscheidet ob das Paar gewinnt, das den Teller am schnellsten leer hat oder das Paar verliert, das am versautesten ist.

Benötigtes Material: drei Teller, drei Löffel, drei Stühle, Joghurt, Nutella oder Schlagsahne, drei Augenbinden

Rate sie

Fünf Damen dürfen sich für dieses Spiel zur Verfügung stellen. Sie stellen sich in einer Reihe auf und zeigen sich von hinten. Nun dürfen sich eine beliebige Anzahl freiwillige Männer (jedoch nicht mehr als fünf) zur Verfügung stellen, um das beste Stück der Damen, ihre Hintern, zu begutachten. Nachdem dies erledigt ist, müssen die Herren den Raum verlassen. Sie bekommen die Augen verbunden. In dieser Zeit tauschen die Damen ihren Platz mit einigen Herren. Die draußen wartenden Herren werden nun hineingeführt und müssen durch ertasten und fühlen den jeweiligen Hintern den Damen zuordnen.

Ob das gelingt?

Benötigtes Material: Je nach Anzahl Spieler entsprechend Augenbinden

Einigkeit

Bastelt für dieses Spiel vier Karten. Auf zwei Karten steht *SIE*, auf den anderen beiden Karten steht *ER*. Ihr braucht noch einen Spielführer, einen Schriftführer, sowie eine Liste mit Fragen über das Zusammenleben des Ehepaares. Nun setzt sich das Brautpaar Rücken an Rücken auf zwei Stühle, jeder mit zwei Karten, je einmal mit *SIE* und einmal mit *ER* ausgestattet.

Ein Schriftführer darf nun notieren, wie oft das Paar die gleiche Antwort auf die von dem Spielführer laut vorgelesenen Fragen gibt.

Wenn ihr möchtet, darf das Brautpaar ab einer gewissen Anzahl erreichter Punkte gerne eine Belohnung eurer Wahl, oder bei zu wenigen erreichten Punkten eine Bestrafung eurer Wahl erwarten.

Anstelle der Karten dürfen auch typische Mann und typische Frau Objekte genommen werden.

Benötigtes Material: Zwei Stühle, vier Karten, einen Stift, ein Blatt Papier für die Punkte zu notieren

Der richtige Finger

Baut eine Papierwand auf und schneidet vier kleine Löcher in Hüfthöhe hinein. Über jedes Loch wird eine Nummer geschrieben (1 - 4). Nun benötigt ihr für das Spiel vier Paare. Die Damen stellen sich hinter die Wand. Einen festen Platz wer an welchem Platz steht gibt es nicht. Gerne darf sich hier auch eine fremde Dame dazu mogeln. Wenn alle ihre Position eingenommen haben dürfen die Damen ihren Zeigefinger durch das Loch stecken. Nun müssen die Männer der Reihe nach alle Finger begutachten, dürfen diese gerne auch anfassen. Mit einem Zettel oder einer Karte, sowie einem Stift ausgestattet schreibt jeder Mann nun die Ziffer auf, unter welcher er seine Dame vermutet. Wenn alle Männer ihre Ziffer notiert haben, folgt die Aufklärung.

Benötigtes Material: Eine Papierwand, eine Schere, vier Karten, vier Stifte

Nudel mich

Für dieses Spiel richtet ihr fünf Makkaroni und fünf Spaghetti. Nun dürfen sich fünf Paare gegenüberstellen. Die Damen bekommen je eine der Makkaroni, die Herren je eine der Spaghetti. Diese werden von den Mitspielern in den Mund genommen. Sie müssen entweder mit den Zähnen festgehalten, oder locker zwischen die Lippen genommen werden. Alle Hände bleiben hinter den Rücken. Das Spiel beginnt.

Die Herren müssen nun versuchen die Spaghetti in die Makkaroni der Frau zu schieben, ohne dass sie herunterfallen. Sieger ist, wer als erstes die Nudeln miteinander vereint hat.

Benötigtes Material: Fünf Makkaroni, fünf Spaghetti

Liebesdenkmal

Dieses Spiel fordert etwas Phantasie. Zur Verfügung stehen zwei Stühle, die genutzt werden können, aber nicht müssen. Es werden drei Damen und drei Herren aus dem Publikum gewählt, welche jedoch den Raum verlassen müssen. Das Brautpaar bleibt bei den Stühlen. Der erste Spieler wird hineingerufen. Er oder sie muss nun aus dem Brautpaar ein Liebesdenkmal formen. Der Erbauer kann seiner Phantasie freien Lauf lassen.

Ist er oder sie fertig, muss er oder sie die gleichgeschlechtliche Stellung der Person in dem Denkmal einnehmen. Die Person aus dem Brautpaar die nun frei ist, holt, bevor sie sich ins Publikum setzt, eine aus den übrig gebliebenen Personen hinein. Die ausgewählte Person beginnt nun von vorne aus den beiden Figuren ein neues Denkmal zu formen. Ist er oder sie fertig, muss er oder sie die gleichgeschlechtliche Stellung der Person in dem Denkmal einnehmen und der oder die Freigelassene holt die nächste Person hinein. Und so weiter.

Benötigtes Material: Zwei Stühle

Teamwork

Für dieses Spiel werden ein Baumstamm und eine Säge bereitgestellt. Das Brautpaar muss gemeinsam den Baumstamm zersägen. Ein Aufgeben wird nicht geduldet, schließlich gibt es auch in einer Beziehung auch Hürden zu meistern.

Je nachdem wie lange das Brautpaar zum Zersägen des Baumstammes benötigt, kann eine Belohnung winken. Aber das war noch nicht alles.

Nachdem das geschafft ist bekommt das Paar jeder eine Nagelschere in die Hand. Ein bereits vorbereitetes Laken mit einem sehr großen roten Herz wird nun von zwei oder mehr Helfern senkrecht in die Höhe gehalten. Das Paar muss nun mit den Scheren das Herz ausschneiden. Im Anschluss wird die Braut von dem Bräutigam durch das Herz getragen.

Benötigtes Material: Einen Baumstamm, zwei Klappböcke, eine Säge, ein Laken, rote Farbe, zwei Nagelscheren

Zeig her deine Beine

Der Bräutigam muss kurz den Raum verlassen oder sich umdrehen. Mindestens vier Damen aus dem Publikum und die Braut setzen sich auf die Stühle in einer Reihe auf und heben ihre Röcke oder Hosenbeine, so dass die Knöchel frei sind. Der Bräutigam bekommt nun die Augen verbunden und wird anschließend an die Stuhlreihe geführt. Nun muss er alle Knöchel ertasten und seine Braut finden.

Dieses Spiel kann auch gerne mit der Braut als Tasterin mit den (meistens) haarigen Beinen der Männer gespielt werden. Auch kann hier einer Strafe oder eine Belohnung angedroht werden.

Benötigtes Material: Mindestens fünf Stühle, eine Augenbinde

Einzigartige Kunst

Eine große Leinwand wird irgendwo im Raum zur Verfügung gestellt, genauso wie diverse Stifte & Farben. Nun wird ein großes Bild des Brautpaares oder ein Bild deren Wahl (darf auch ohne Personen sein) in gleich-große Teile zerschnitten. Die Form der Leinwand und des Bildes sollte identisch sein, die Größe kann variieren. Es sollte nach Möglichkeit so viele Teile ergeben, wie Gäste anwesend sind. Jeder Gast bekommt nun ein Teil des zerschnittenen Bildes und soll im Laufe der Feier seinen Teil auf die Leinwand übertagen, an den korrekten Platz, selbstverständlich. Hierzu stehen ihm diverse Stifte zur Verfügung.

Wer das ganze vereinfachen möchte, kann:

- Die Leinwand entsprechend der Teile mit Bleistift strukturieren
- Die Teile die verteilt werden, sowie die gekennzeichneten Kästchen auf der Leinwand nummerieren

Benötigtes Material: diverse Stifte & Farben, eine Leinwand, ein Bild, eine Schere

Identitätserinnerung

Jeder Gast darf sich auf einer Leinwand mit seinem Fingerabdruck verewigen. Dazu werden neben einer Leinwand auch diverse Farben, wie zum Beispiel Wasserfarben oder ein Stempelkissen zur Verfügung gestellt. Zu jedem Abdruck sollte der Gast mit einem Stift noch seinen Namen dazuschreiben.

Im Anschluss darf der Gast noch eine Karte mit Grüßen für das Brautpaar schreiben und in einen Briefumschlag stecken, auf dem die Adresse des Brautpaares steht. Dieser Umschlag wird entweder in einen Ballon gesteckt, oder an einen Ballon angebunden. Als Absender wird nach dem Gruß jedoch nicht der Name, sondern nur der Fingerabdruck (in der gleichen Farbe wie auf der Leinwand) hinterlassen. Sind alle fertig, werden die Ballons steigen gelassen.

Wer weiß wer die Briefumschläge findet und vielleicht kommt ja der ein oder andere per Post zurück an das Brautpaar. Dieses darf dann anhand des Fingerabdruckes den wirklichen Absender des Grußes eruieren. So haben das Brautpaar auch nach der Hochzeitsfeier, irgendwann zu einem nicht damit rechnenden Zeitpunkt noch eine kleine Aufgabe zu lösen und eine schöne Erinnerung an den Tag.

Benötigtes Material: diverse Stifte & Farben, ein Stempelkissen, eine Leinwand, eine Schere, Schnur, Luftballons, Luftballongas

Einen Penny für die Flasche, bitte

Alle Gäste stellen sich in einer Reihe vor eine Flasche. Nun nimmt jeder ein Geldstück (Münze) aus seinem Geldbeutel und klemmt sich dieses zwischen die Knie. Der Reihe nach muss jeder versuchen, ohne die Hände zu benutzen, das Geldstück in die Flasche zu werfen. Schafft es der Gast, darf er auf die andere Seite und ist erlöst. Schafft er es nicht, muss er sich wieder in die Reihe stellen, ein neues Geldstück nehmen und es wenn er an der Reihe ist, nochmal versuchen.

Die Flasche wird entweder im Anschluss an das Spiel dem Brautpaar überreicht, oder für ein anderes Spiel als Belohnung für das Brautpaar eingesetzt. Die Geldstücke die daneben fallen werden in einer Schüssel eingesammelt und für ein anderes Spiel als Belohnung für das Brautpaar aufgehoben.

Benötigtes Material: eine Flasche, eine Schüssel, Münzgeld der Gäste

Jahrmarkt

Das Brautpaar muss Dosenwerfen spielen. Hierzu werden auf einem Tisch sechs leere Dosen aufeinander gestellt. In der ersten Reihe drei Dosen, in der zweiten Reihe zwei Dosen und in der dritten Reihe die letzte Dose.

Braut und Bräutigam haben je fünf Würfe. So oft wie sie alle Dosen komplett mit dem Tennisball abgeräumt haben, so oft dürfen sie bei dem nächsten Spiel werfen:

Einige Luftballons werden an einer Wand aufgehängt. An jedem Luftballon hängt ein Gewinn, auf Wunsch dürfen auch Nieten benutzt werden. Die Gewinne können die Flasche oder die Schale mit Münzen aus dem letzten Spiel sein, oder kleine Gutscheine für Gefälligkeiten von den Freunden und Verwandten.

Nun dürfen Braut und Bräutigam sooft wie sie bei der ersten Aufgabe die Dosen abgeräumt haben, mit einem Dartpfeil versuchen, Luftballons abzuschießen. Treffen sie, bekommen sie die Preise, die an dem getroffenen Ballon hingen, ausgehändigt.

Benötigtes Material: einen Tisch, sechs Dosen, einen Tennisball, Luftballons, Preise, einen Dartpfeil

Schnapp mich

Es werden fünf Paare gegenübergestellt. Den Herren werden die Augen verbunden. Die Damen bekommen je fünf Wäscheklammern an die Kleidung gehängt. Nun müssen die Männer mit verbunden Augen und den Händen auf dem Rücken alle Wäscheklammern finden und mit dem Mund lösen. Die Hände dürfen nicht benutzt werden. Wer als erstes alle Wäscheklammern gefunden und gelöst hat, ist der Sieger der Runde. Nun werden die Geschlechter gewechselt, das Spiel beginnt von vorne. Sind die Sieger ermittelt, darf das Siegerpaar sich entweder ein Lied wünschen und darauf tanzen, oder sich eine Strafe für die Verlierer aus einem anderen Spiel einfallen lassen.

Benötigtes Material: fünf Augenbinden, 25 Wäscheklammern

Der Schleiertanz mit dem Schirm

Das Brautpaar muss einen Tanz unter einem aufgespannten Schirm tanzen. Die Braut hat dabei Ihren Schleier noch an. Hier darf gerne ein Schleier Duplikat genommen werden, denn dieser wird am Ende nicht mehr heile bleiben. Die Gäste tanzen um das Paar außenherum und bewerfen den Schirm mit Konfetti und Luftschlangen. Haben sie nichts mehr zum werfen, dürfen sie gerne mit Kerzen das Ambiente romantisieren. Am Ende des Tanzes entsteht ein richtig schöner Anblick. Die Braut darf nun den Schleier abnehmen und wirft diesen in die Runde der anderen Gäste. Während des nächsten Liedes müssen sich die Damen um den Schleier im wahrsten Sinne des Wortes reißen. Das Brautpaar darf, geschützt unter ihrem Schirm, dem Treiben zusehen.

Die Dame, die am Ende das größte und schönste Stück des Schleiers ergattert hat, gewinnt und darf Ihre Beute mit nach Hause nehmen.

Benötigtes Material: einen Schirm, Konfetti, Luftschlangen, einen Schleier

Entrümpelungstombola

Das Brautpaar darf vor der Hochzeit alles zu Hause ausmisten, was es nicht mehr benötigt. Ein Gast ihres Vertrauens versieht die abgegebenen Sachen mit Nummern und bastelt Lose. Ihr dürft hierbei selbst entscheiden, ob es Nieten gibt oder nicht.

Die Lose werden auf dem Hochzeitsfest entweder verschenkt oder zu Gunsten des Brautpaares verkauft. Verteilt werden die Gewinne erst, sobald alle Lose an den Mann gebracht wurden.

Benötigtes Material: Preise, eine Box für die Lose, Lose, einen Tisch für die Preise, Etiketten für die Preise

Rosentanz

Der Bräutigam verlässt den Raum oder dreht sich weg. Die Braut verbindet ihm die Augen. Ihr baut zwischenzeitlich einen Flaschen-Parcours auf. Hierbei sind eurer Phantasie keine Grenzen gesetzt. In jede Flasche wird eine Rose gestellt. Nun muss der Bräutigam die Rosen finden und für seine geliebte Braut sammeln. Die Braut darf mit Anweisungen helfen, die Rosen zu finden.

Die Aufgabe kann beliebig erschwert werden, zum Beispiel in dem der Bräutigam keine Hände benutzen darf.

Benötigtes Material: eine Augenbinde, Rosen, leere Flaschen

Liebespost

Unter den Gästen werden 52 Karten verteilt. Diese sind auf der Rückseite von 1-52 nummerisch gekennzeichnet. Auf diese Karten dürfen die Gäste Glückwünsche an das Brautpaar schreiben oder malen. Am Ende des Tages nimmt jeder seine Karte mit nach Hause und schickt Sie dem Brautpaar in der Woche nach der Hochzeit, die auf der Karte notiert wurde. Steht zum Beispiel eine vier auf der Karte, wird diese in der nächsten 4. KW (Kalenderwoche) nach der Hochzeit verschickt.

Beispiel: Die Hochzeit ist im September, dann ist die nächste 4. Kalenderwoche im Folgejahr Ende Januar / Anfang Februar. Die Kalenderwochen stehen auf jedem Kalender.

Persönlich vorbeibringen ist auch erlaubt.

Benötigtes Material: 52 Karten, diverse Stifte

Flaschenschwanz

Ihr baut einen kleinen Parcours auf, an dessen Ende fünf mit Wasser gefüllte Flaschen stehen. Fünf Gäste werden auserwählt. Diese bekommen einen Tampon an einer Schnur um den Bauch gebunden. Der Tampon sollte hinter dem Körper herunterbaumelnd circa in der Kniekehle enden. Nach einen Startsignal geht es los und die Spieler müssen den Parcours zu der Flasche bezwingen. Sind sie an der Flasche angelangt, müssen sie ohne Hände, nur durch herunterbeugen, den Tampon in die Flasche bekommen und warten bis dieser sich voll gesaugt hat. Anschließend müssen die Spieler mit der Flasche als Schwanz den Parcours zurück bezwingen. Der Gast, der als erstes mit Flasche wieder an der Startposition ist, gewinnt.

Das Spiel kann auch ohne Tampons mit Kugelschreibern gemacht werden. Allerdings endet das Spiel dann, wenn der erste Spieler den Kugelschreiber in der Flasche versenkt hat.

Benötigtes Material: Fünf Flaschen, fünf Tampons (oder Kugelschreiber), Schnurr, Material für den Parcours

Brautentführung

Einige Herrschaften aus der Gesellschaft schnappen sich die Braut, während andere Gäste den Bräutigam ablenken. Es geht in eine Kneipe oder Wirtschaft in der Nähe. Diese sollte zu Fuß erreichbar sein. Sobald der Bräutigam die Entführung bemerkt, muss er seine Braut finden. Braucht er hierzu länger als eine Stunde, muss er die Zeche bezahlen.

Dieses Spiel kann beliebig verändert werden, zum Beispiel machen Braut und Entführer mehrere Kneipen durch, und um so länger es dauert, umso teurer wird es für den Bräutigam, denn er muss alles bezahlen.

Benötigtes Material: Geld für Getränke

SPIELE FÜR GROSSE FEIERLICHKEITEN

Der Tanz mit dem Hut

So viele Paare wie möglich stürmen die Tanzfläche. Eine Person bekommt einen Hut aufgesetzt. Sobald die Musik zu spielen beginnt und alle tanzen, wird der Hut an ein Paar weitergegeben. Der Mann des Paares setzt sich den Hut auf, wie lange bleibt ihm überlassen. Er gibt ihn während des Tanzens weiter. Die Musik wird gestoppt, gerne auch mitten im Lied und das Paar, das in diesem Moment den Hut hat, ist raus. An welches Paar sie beim Verlassen der Tanzfläche den Hut weiterreichen, ist deren freie Wahl.

Dieses Spiel kann auch ohne Paare, mit einzelnen Personen gespielt werden.

Benötigtes Material: Ein Hut, Musik

Känguru

Ihr baut einen Parcours auf und findet mindestens fünf Freiwillige. Diese bekommen je einen Luftballon (aufgeblasen natürlich), welchen sie sich zwischen die Beine, vorzugsweise zwischen die Knie, klemmen müssen. Bei los geht es los. Die Spieler müssen nacheinander mit dem Luftballon zwischen den Beinen den Parcours bewältigen. Verlieren sie den Luftballon, müssen sie von vorne beginnen. Geht ein Luftballon kaputt, ist der Spieler raus. Gewinner ist, wer als erstes mit seinem Ballon im Ziel ankommt.

Benötigtes Material: Mindestens fünf Luftballons

Eins – zwei oder drei

Auf den Boden werden mit Kreide verschieden große Kreise gezeichnet. In jeden Kreis kommt eine Zahl. Diese bedeutet die Anzahl an Personen, die höchstens in dem Kreis stehen dürfen. Der DJ spielt Musik und alle Mitspieler tanzen. Der DJ stoppt die Musik nach einer unbekannten Zeit. Sobald die Musik aufgehört hat, müssen alle Tanzenden sich einen Platz in einem der Kreise suchen. Sind zu viele Personen in einem Kreis, muss der letzte, der den Kreis betreten hat, das Spiel verlassen.

Benötigtes Material: Musik, Kreide

Merlins Nagel

Es werden mindestens drei Holzbalken mit je fünf Nägeln versehen. Diese bitte nicht zu tief hineinschlagen. Umso länger diese sind, umso besser. Nun werden drei Spieler ausgewählt, die sich an die Holzbalken stellen. Nach dem Startkommando müssen die Spieler alle Nägel aus dem Holzbalken ziehen. Sie dürfen hierzu keine Hilfsmittel benutzen.

Gewinner ist, wer als erstes alle Nägel aus seinem Holzbalken gezogen hat.

Dieses Spiel kann beliebig erschwert und erleichtert werden, in dem ihr weniger oder mehr Nägel benutzt.

Benötigtes Material: Mindestens drei Holzbalken, 15 Nägel

Ertaste mich

Fünf freiwillige Spieler müssen den Raum verlassen. Sobald diese draußen sind, werden fünf Gegenstände ausgelegt. Es können einfache und alltägliche Dinge sein wie zum Beispiel einen Apfel, eine Rolle Toilettenpapier oder ein Handtuch. Doch auch etwas lustigere Dinge wie einen Stringtanga, einen Vibrator oder eine Toilettenbürste sind möglich. Dem ersten Spieler werden die Augen verbunden und er wird hineingeführt. Er muss nun durch tasten die Gegenstände erraten. Gewonnen hat der Spieler, der die meisten Sachen richtig errät.

Benötigtes Material: Mindestens fünf Gegenstände, eine Augenbinde

Personenknoten

Alle Gäste stellen sich auf der Tanzfläche in einem Kreis auf. Auf Kommando werden alle Augen geschlossen und die Hände in die Luft gestreckt. Ein weiteres Kommando fordert die Gäste auf, langsam in die Mitte des Kreises zu laufen und sich mit jeder Hand eine andere Hand zu schnappen. Sind alle Hände vergeben, dürfen die Augen geöffnet werden.

Ziel des Spieles ist es, die wahrscheinlich entstandene verknotete Menschenkette zu lösen, ohne dabei die Hände von einander zu nehmen.

Benötigtes Material: Nichts

Gurkentanzduell

Es werden fünf Tanzpaare bestimmt. Diese Paare bekommen je eine Gurke, welche sie sich zwischen die Beine klemmen muss. Pro Paar eine Gurke. Unter diesen Umständen wird nun getanzt. Gewinnerpaar ist, welches am längsten durchhält, ohne die Gurke zu verlieren oder zu beschädigen.

Dauert der Tanz zu lange da alle Paare hervorragende Tänzer und Gemüsefreunde sind, kann auch gerne per Klatschen abgestimmt werden, welches Paar die beste Figur abgegeben hat.

Benötigtes Material: Mindestens fünf Gurken, Musik

Beiß mich

In diesem Spiel treten jeweils zwei Gäste gegeneinander an. In je eine mit Wasser gefüllte Schale wird je ein Apfel gelegt. Die Schüssel wird auf je einen Stuhl gestellt. Die Spieler müssen sich nun vor den Stuhl knien. Nach Startschuss dürfen die Spieler anfangen, ohne Hände natürlich, den Apfel mit ihrem Mund einzufangen. Der Spieler, der als erstes den Apfel im Mund hat und damit aufgestanden ist, gewinnt.

Bei diesem Spiel können auch Gruppen gebildet werden. Die Gruppe mit der meisten Anzahl Siege gewinnt. Gerne kann das Spiel auch durch den Einsatz von Augenbinden erschwert werden.

Benötigtes Material: Zwei Stühle, zwei Schüsseln, mindestens zwei Äpfel, eventuell Augenbinden

Storchentanz

Bei diesem Spiel baut ihr mit leeren Flaschen ein Parcours auf. Dieser darf nicht zu schwierig sein, denn der Freiwillige muss diesen mit verbundenen Augen meistern. Doch das wird er nicht. Sobald der Spieler sich den Parcours etwas angesehen und eingeprägt hat, bekommt er die Augen verbunden und wird an den Anfang des Parcours geführt. In der Zwischenzeit räumt ein Helfer die leeren Flaschen möglichst lautlos weg. Die Musik beginnt und der Spieler versucht, einen nichtvorhandenen Parcours zu meistern. Sicher sehr lustig anzusehen.

Benötigtes Material: Mehrere leere Flaschen, eine Augenbinde

Zieh dich an und ich mich aus

Ein freiwilliges Paar darf sich für dieses Spiel zur Verfügung stellen. Hier werden zwei große Laken benötigt, welche groß genug sind, dass die Personen vollständig bedeckt sind wenn sie es übergestülpt haben. Zwei Schlitze sorgen für einen freien Kopf. Die beiden stellen sich nebeneinander. Bei los hat das Paar drei Minuten Zeit, um so viele Kleidungsstücke wie möglich miteinander zu tauschen.

Hier kann es pro getauschtem Kleidungsstück zu einer Belohnung, oder bei Nichterreichen einer bestimmen Anzahl Kleidungsstücke zu einer Strafe kommen.

Benötigtes Material: Zwei große Laken, eine Uhr

Kopf Topf

Für dieses Spiel bittet ihr einen Freiwilligen nach draußen zu gehen. Daraufhin stellt ihr zwei Tische eng aneinander. Eine Person darf sich so zwischen die beiden Tische hinsetzen, dass der Kopf durch schaut. Nun breitet ihr ein großes Laken über die Tische, das ein Loch in der Mitte hat. Hier wird der Kopf der freiwilligen Person durchgesteckt. Es sieht nun aus, als läge in der Mitte eines Tisches ein Kopf. Daraufhin stellt ihr auf dem Tisch viele verschiedene Töpfe und Schüsseln auf. Ein passender wird auch über den Kopf gestülpt. Unter die anderen verteilt ihr diverse Gegenstände oder Lebensmittel. Nun dürft ihr den freiwilligen Spieler hineinbitten. Dieser muss raten, was sich unter den Töpfen und Schüsseln verbirgt.

Neben Punkten die der Spieler für das korrekte Raten verdienen kann, bekommt er den Schreck bei dem Kopf Topf obendrauf.

Benötigtes Material: Verschiedengroße Töpfe und Schüsseln, verschiedene Gegenstände oder Lebensmittel, zwei Tische, ein Laken, eine Schere

Catwalk

Zwei Gruppen mit je fünf Personen stellen sich hintereinander auf. Vor den beiden Gruppen wir je ein Wäschekorb oder eine Box mit je fünf Kleidungsstücken hingestellt. Die Teile müssen in beiden Körben identisch sein. Nach dem Startzeichen fängt der erste Spieler in jeder Reihe an sich die Kleidungsstücke überzuziehen. Hat er dies getan, läuft er wie bei einer Modeschau einmal über den vorgegebenen Catwalk. Habt ihr keinen Catwalk, könnt ihr auch einmal um die Gruppe Spieler außenherum laufen. Ist dies erledigt muss die Kleidung wieder ausgezogen und in den Korb gelegt werden. Der Catwalker stellt sich hinten in die Reihe und der nächste ist dran. Die Gruppe die als erstes komplett durch ist, gewinnt.

Benötigtes Material: Zwei Wäschekörbe oder Boxen, zehn Kleidungsstücke

Platz mich

Organisiert für dieses Spiel so viele Spieler wie möglich. Jeder Spieler bekommt zwei Luftballons an die Beine gebunden. Nun ab auf die Tanzfläche. Während dem Tanz müssen alle Spieler versuchen, gegenseitig die Ballons zum Platzen zu bringen. Ziel ist, mit seinen Ballons bis zum Ende durchzuhalten.

Hat ein Spieler beide Ballons verloren, muss er die Tanzfläche verlassen. Hat keiner mehr beide Ballons, gewinnt der Spieler der als letztes noch ein Ballon am Bein hat.

Benötigtes Material: Luftballons

Lachparade

Ein freiwilliger Spieler darf auf einem Stuhl Platz nehmen. Seine Aufgabe ist es, sich nicht zum Lachen bringen zu lassen. Ein anderer freiwillige Spieler hat nun die Aufgabe, den sitzenden Spieler zum Lachen zu bringen. Hier ist alles erlaubt. Merkwürdige Sachen sagen, tanzen, singen, jede Form von Gestik.

Hier kann entweder eine Zeit vorgegeben werden, die der sitzende Spieler durchhalten muss, oder die Zeit gestoppt werden, wie lange der Spieler durchhält.

Benötigtes Material: einen Stuhl

Flüsterpost

Alle setzen sich im Kreis nebeneinander. Jeder Spieler der möchte bekommt einen Zettel und einen Stift. Es muss nicht jeder ein Wort erfinden, doch zum weitergeben sind möglichst viele Spieler von Vorteil. Es wird eine Startposition vereinbart. Der Spieler an dieser Position überlegt sich ein möglichst langes Wort oder einen Satz Dieses/diesen schreibt er auf einen Zettel. Ist er fertig, flüstert er das Wort oder den Satz seinem Nachbarn ins Ohr. Dieser flüstert es seinem Nachbar ins Ohr und so weiter. In welche Richtung das Spiel läuft, könnt ihr vor dem Starten vereinbaren. Der letzte Spieler sagt das Wort oder den Satz, welches/welcher bei ihm an-gekommen ist. Der Beginner kann nun sagen ob sein Wort oder sein Satz korrekt angekommen ist, oder nicht.

Hier kann gerne mit Zusatzregeln gespielt werden. Zum Beispiel: ist das Wort oder der Satz falsch angekommen, fliegt der Worterfinder aus dem Spiel, oder muss eine Strafe zahlen. Oder alle anderen bekommen eine Strafe, der Erfinder wird für seine Kreativität belohnt.

Benötigtes Material: Stühle, Zettel und Stifte entsprechend der Menge Mitspieler

Zeitungsdruckerei

Für dieses Spiel braucht ihr pro Runde zwei Freiwillige und drei exakt gleiche Zeitungen oder Zeitschriften. Diese werden auseinander genommen und querbeet auf einem Tisch verteilt. Auf los geht es los und beide Spieler müssen schnellstmöglich versuchen, eine Zeitung oder Zeitschrift komplett zusammen zu setzten. Derjenige, der dies als erstes schafft, hat gewonnen.

Der Sieger kann belohnt werden, oder der Verlierer bestraft. Mogeln geht nicht: Denn die dritte Zeitung dient der Kontrolle.

Benötigtes Material: drei exakt gleiche Zeitungen oder Zeitschriften, einen Tisch

Der schiefe Turm von...

Im Anschluss des letzten Spieles können die drei Zeitungen oder Zeitschrift wiederverwertet werden. Es werden nun drei Spieler benötigt. Jeder Spieler bekommt eine Zeitung oder Zeitschrift zugewiesen. Nach dem Startschuss muss jeder Spieler aus der Zeitung oder Zeitschrift einen Turm bauen, ohne Hilfsmittel zu benutzen. Nach 5 Minuten ist das Spiel fertig. Der Spieler mit dem höchsten Turm gewinnt.

Benötigtes Material: drei exakt gleiche Zeitungen oder Zeitschriften, eine Uhr

Ich rate mich

Bei diesem Spiel bekommt jeder Mitspieler einen Namen mittels Zettel auf die Stirn geklebt. Der Spieler selbst darf nicht wissen was auf dem Zettel steht. Ihr könnt euch vorher darauf einigen, ob es Popstars, Schauspieler oder Berühmtheiten allgemein sein müssen. Figuren aus Kinderfilmen wäre auch eine Idee. Ist dies geschafft, darf jeder Spieler in der Runde, nacheinander natürlich, solange Fragen stellen, bis ein „nein" die Antwort ist. Dann ist der nächste Spieler mit fragen dran. Die Reihenfolge könnt ihr vor dem Spiel vereinbaren. Ebenso besondere Regeln, zum Beispiel: Bereits verneinte Fragen sind verboten.

Wer sich selbst erraten hat, bekommt eine Belohnung. Alternativ könnt ihr auch den, der sich nicht errät, bestrafen.

Benötigtes Material: Zettel und Stifte entsprechend der Anzahl Mitspieler

Wiederhol mich

Fast jeder kennt das Spiel "Ich packe meinen Koffer". Dieses Spiel ist ähnlich, nur mit verschiedenen Gesten und körperlichen Aktivitäten. So wird anstatt eines Koffers, eine Uhr, eine Zahnbürste etc. Gesten, wie zum Beispiel auf einem Bein springen, den Kopf schütteln, mit den Augen zwinkern, niesen, lachen, husten, sich im Kreis drehen und so weiter, in das Spiel gepackt. Reihum muss jeder Gast die Geste des vorherigen Gastes wiederholen. Am besten setzen sich alle Spieler in eine Reihe. Der vordere Spieler beginnt. Er erfindet eine Geste. Der zweite Spieler muss diese Geste wiederholen, und eine eigene Geste hinzufügen. Der dritte Spieler muss die Geste des ersten Spielers dann die Geste des zweiten Spielers wiederholen und dann eine eigene hinzufügen. Und so weiter.

Schafft es jemand nicht alle Gesten in der korrekten Reihenfolge zu wiederholen, muss dieser die Reihe verlassen und hat verloren. Schaffen es alle Mitspieler die korrekte Reihenfolge zu wiederholen, hat der letzte Spieler der alles korrekt aufgezählt hat, eine Belohnung verdient.

Natürlich können diese Regeln mit Belohnungen oder Bestrafungen auf Wunsch und nach Bedarf abgewandelt werden. Am besten wäre ein Schiedsrichter, der das

Ganze beobachtet und die falsch nachmachenden Spieler entlarvt.

Benötigtes Material: Stühle nach Anzahl der Mitspieler

Fahrschule

Bei diesem Spiel wird ein freiwilliger Spieler der Fahrschüler sein und ein Eingeweihter der Fahrlehrer. Es werden zwei Teller benötigt. Einer der Teller muss vorher auf der Unterseite mit Kerzenruß versehen werden. Davon darf der Fahrschüler jedoch nichts wissen. Nun werden auf einer Bühne zwei Stühle aufgestellt. Der Fahrlehrer setzt sich auf einen Stuhl und bekommt seine sauberen Teller in die Hand. Daraufhin wird der freiwillige Fahrschüler in den Raum gerufen, wird auf den anderen Stuhl gesetzt und bekommt den verrußten Teller in die Hand. Jedoch so, dass er die verrußte Unterseite nicht sieht. Nun muss er dem Fahrlehrer alles nachmachen. Dieser nimmt den Teller wie ein Lenkrad in die Hand, die obere Seite in Richtung Gesicht. Nun fahren die beiden los. Bei den Aufgaben sind eurer Phantasie keine Grenzen gesetzt. Zum Beispiel: Der Fahrlehrer gibt Geräusche vor, betätigt den Schaltknüppel, benutzt das Lenkrad um zu lenken. Beim Bremsen empfiehlt es sich, dass der Fahrlehrer mit einer Hand über die Unterseite des Tellers reibt. Der Schüler sollte dies nachmachen und dabei nicht bemerken, dass seine Hand nun voll Ruß ist. Nun kann der Fahrlehrer zum Beispiel beim Blinken sich an die Ohren fassen, nach rechts blinken heißt an das rechte Ohr fassen, nach links blinken an das linke Ohr.

Er kann sich auch über mögliche andere Verkehrsteilnehmer im Straßenverkehr ärgern, indem er sich mit der kompletten Hand einmal von oben nach unten durch das Gesicht fährt. Lasst euch hier etwas einfallen. Der Fahrschüler wird nicht bemerken, dass sein Gesicht nach und nach mit Ruß beschmiert wird, und zwar von sich selbst. Das Gelächter aus dem Publikum wird er als Gelächter über die Aktion an sich sehen. Wenn Ihr mit der Fahrstunde fertig seid, dürft ihr den armen Fahrschüler gerne einen Spiegel vorhalten.

Benötigtes Material: zwei Teller, eine Kerze, ein Feuerzeug, zwei Stühle

Misch mich

Für dieses Spiel werden zwei Teams benötigt. Vor dem Spiel müssen ein paar Spielleiter ein Rezept erfinden und die dafür benötigten Zutaten im Raum verstecken. Ziel ist es, als Team die Zutaten als erstes zu finden und einen Zaubertrank zu brauen. Dazu bekommt selbstverständlich jedes Team die gleichen Zutaten gestellt. Sie bekommen je eine Liste auf der alle benötigten Zutaten stehen, die für das Rezept gebraucht werden. Nachdem die Zutaten je zweimal im Raum versteckt wurden, dürfen die Teams den Raum betreten. Nun kann der Startschuss fallen. Nach diesem müssen die Teams losziehen um die Zutaten zu finden. Das Team welches zuerst alle Zutaten gefunden und zusammengerührt hat, gewinnt.

Benötigtes Material: Zwei Schalen für den Zaubertrank, diverse Zutaten je zwei Mal

33 Luftballons

Wir benötigen für dieses Spiel drei Teams mit mindestens drei Personen. Jedes Team bekommt elf Luftballons gleicher Farbe zur Verfügung. Auf los geht es los und die Teams müssen alle Luftballons aufblasen. Nachdem alle aufgeblasen sind müssen die Ballons in die Luft geworfen werden und so lange wie möglich in der Luft bleiben. Doch Achtung: Sie müssen durch pusten oben gehalten werden. Die Gruppe die am längsten ihre Ballons in der Luft behält, gewinnt.

Benötigtes Material: 33 Luftballons, je elf in je einer Farbe

Luftballon schießen

Da wir jetzt die Ballons aufgeblasen haben, hier noch einige Spiele mit diesen.

Jeder kennt auf dem Jahrmarkt die Ballons, welche abgeschossen werden müssen. Umso mehr Ballons man trifft, umso größer ist der Gewinn. Hier läuft es etwas anders. Jeder der schießt und dabei einen Ballon trifft, weiß nicht ob es gut oder schlecht für ihn ist. Denn es gibt sowohl gute, als auch schlechte Ballons. An jedem Ballon ist eine Karte befestigt. Auf dieser Karte stehen Aufgaben, beispielsweise im Kreis auf einem Bein hüpfen, wie ein Elefant durch den Raum laufen oder Ähnliches. Es kann aber auch eine Belohnung sein. Lasst hier eurer Phantasie freien Lauf.

Je nach Gegebenheiten eurer Feier könnt ihr tolle Belohnungen oder Nieten erfinden. Ein extra Stück Kuchen, ein Glas Sekt oder Ähnliches. Dieses Spiel kann unendlich ausgeschmückt werden.

Benötigtes Material: eine Wand, diverse Luftballons, Dartpfeile, Belohnungen, Karten, einen Stift Bindfaden, Reißbrettstifte

Luftballon Tanz

Bei dem folgenden Spiel wird ununterbrochen Musik laufen gelassen. Alle mitspielenden Paare bekommen je einen aufgeblasenen Luftballon zwischen den Kopf. Diesen muss das Paar bestmöglich festhalten, ohne dabei die Hände zur Hilfe zu nehmen. Sobald der Luftballon einmal verloren geht, ist das Paar draußen. Sieger ist, wer als längstes den Luftballon zwischen den Köpfen halten kann. Es ist dem DJ überlassen, die Musik wahlweise schneller oder langsamer zu spielen.

Benötigtes Material: diverse Luftballons, Musik

Was verändert sich?

Bei diesem Spiel werden fünf Personen benötigt, die sogenannten „Kleiderständer". Diese stellen sich vor die Gruppe Freiwilliger. Das können bis zu drei Mitspieler sein. Die Kleiderständer können entweder zusätzliche Accessoires tragen wie Hüte, Regenschirme, Krawatten etc., oder mit ihrer eigenen Kleidung spielen. Die freiwilligen Spieler müssen nun die Kleiderständer auf der Bühne genau betrachten. Die drei Spieler verlassen nach zwei Minuten anschauen den Raum. Jeder der fünf Personen auf der Bühne muss nun etwas von seiner Kleidung ablegen oder verändern. Sind alle fertig, muss jeder der Spieler einzeln wieder in den Raum kommen und raten, was sich an den Kleiderständern verändert hat.

Jeder Mitspieler, der alles korrekt rät, gewinnt eine Belohnung. Wer verliert, bekommt wenn gewünscht, eine Strafe.

Benötigtes Material: gegebenenfalls diverse Accessoires, gegebenenfalls Stühle für die Spieler

Tierpfleger einmal anders

Bei diesem Spiel werden einige Freiwillige benötigt, welche zur Erklärung des Spiels den Raum verlassen müssen, bis auf einen. Dieser erste Spieler erhält die Aufgabe pantomimisch darzustellen, wie er als Pfleger in einem Zoo einen großen Elefanten wäscht. Dazu gehört auch beispielsweise das Hinterteil, der Rüssel, der große hohe Rücken und so weiter. Der nächste freiwillige Spieler wird hinein gerufen. Nun wird der erste Spieler das Schauspiel vorführen. Der zweite Spieler muss nun erraten, was der erste Spieler darstellen möchte. Jedoch darf er es nicht laut sagen, sondern es sich nur denken, oder auf einen Zettel schreiben. Nachdem er denkt zu wissen was der erste Spieler vorführt, gibt er Bescheid. Der erste Spieler ist somit fertig und nimmt an der Seite Platz. Der dritte freiwillige Spieler wird hinein gerufen. Der zweite Spieler geht nun auf die Bühne und stellt ebenfalls pantomimisch dar, was er meint zu wissen welches die gestellte Aufgabe ist. Nun muss der dritte Spieler erraten, was der zweite Spieler pantomimisch darstellt. Auch hier wird er Bescheid geben, sobald er es meint zu wissen. Auch er darf es nicht laut sagen, sondern es sich nur denken oder auf einen Zettel schreiben. So geht das immer weiter bis der fünfte Spieler weiß, beziehungsweise meint zu wissen, was der vierte Spieler pantomimisch dargestellt hat. Der erste

Spieler befragt nun den fünften Spieler was er dargestellt hat, sprich, was die ursprüngliche Aufgabe gewesen sein soll.

Das könnte sehr lustig werden. Gerne könnt ihr euch hier auch andere Themen ausdenken oder andere Tiere pflegen.

Benötigtes Material: Je einen Stuhl für den jeweiligen Beobachter

Das Auge

Bei diesem Spiel wird ein freiwilliger Spieler benötigt, der den Raum verlässt. Nachdem er dies getan hat, wird auf einem Tisch ein anderer freiwilliger Spieler hingelegt und mit einem Tuch zugedeckt. Direkt neben dem Kopf wird ein Teller mit Pudding oder Ähnlichem bereitgestellt. Ist alles vorbereitet, wird der Freiwillige mit verbundenen Augen wieder in den Raum geführt. Nun bekommt er von einem Spielleiter eine tolle Geschichte erzählt. Er führt den Freiwilligen mit den verbundenen Augen beispielsweise durch eine Pyramide, eine Ruine oder Ähnliches. Bei dieser Geschichte ist wieder einmal eure Phantasie gefragt. Ihr könnt dem Freiwilligen mitteilen, dass ihr eine Mumie oder eine Statue oder gar eine Leiche gefunden habt, passend zu eurer Geschichte. Nun seid ihr bei dem Objekt, dem liegenenden Spieler angekommen. Ihr führt den Freiwilligen mit den verbundenen Augen an die liegende Person. Dieser darf das gefundene Objekt nun ertasten. Ihr helft dem Spieler und führt seine Hand erst an die Füße, dann an die Beine, an den Bauch, an die Arme an die Stirn, an die Nase. Doch dann, wenn das Auge an der Reihe wäre, führt ihr die Finger des blinden Spielers in die Schüssel mit dem Pudding und hofft, dass der Schreck sitzt.

Die Schüssel kann auch gern in einer anderen Gegend, beispielsweise in der Mitte des Körpers aufgestellt werden und der Spieler auf dem Tisch könnte auf dem Bauch liegen. Jedoch sollten hier keine Kinder anwesend sein. Sie könnten und sollten den Witz nicht verstehen.

Benötigtes Material: einen Tisch, ein großes Tuch, eine Schüssel mit Pudding oder Ähnlichem, eine Augenbinde

Menschenkreis

Bei dem nächsten Spiel werden so viele Personen wie möglich benötigt. Diese stellen sich in einem ziemlich engen Kreis hintereinander. Wenn alle so weit sind und möglichst wenig Platz zwischen den Personen ist, wird auf Kommando mit den Armen die Taille des Vordermannes gegriffen und sich nach unten gesetzt, wie auf einen Stuhl. Bestenfalls sollten alle Spieler auf den Knien des hinter Mannes sitzen. Ob das funktioniert? Ein freiwilliger Beobachter für ein tolles Gruppenfoto wäre auf jeden Fall zu empfehlen.

Benötigtes Material: nichts

Mach mich

Ihr braucht für dieses Spiel drei Schüsseln oder Kartons. In eine Schüssel kommen alle Namen der anwesenden Damen. In die andere Schüssel kommen alle Namen der anwesenden Herren. Die letzte Schüssel wird mit Aufgaben gefüllt. Nun dürfen sich alle Spieler einen Zettel aus der gegengeschlechtlichen Schüssel und einen aus der Aufgabenschüssel ziehen. Danach muss die Aufgabe von den beiden Personen durchgeführt werden. Bei den Aufgaben dürft ihr je nach Anlass oder Alter der Gäste sehr kreativ sein. Beispiele: einen Tango tanzen, sich gegenseitig ein Kleidungsstück ausziehen, eine Tanzfigur kreieren, ein Lied singen, der Mann muss die Frau Huckepack nehmen, usw.

Benötigtes Material: Drei Schüsseln, Zettel und einen Stift, je nach Aufgaben eventuell Utensilien

Hilfe, Feuer

Nicht ganz ohne ist das Spiel mit dem Feuer. Hierzu bekommen drei Spieler einen Korken an einem Faden an die Hose gebunden. Auf dem Boden stehen drei Kerzen. Nun müssen die Spieler mit dem Korken ohne Hilfe von den Händen die Kerze löschen. Der Spieler der dies als erstes schafft, gewinnt.

Vorsicht, das Risiko einer brennenden Hose ist gegeben.

Benötigtes Material: Drei Kerzen, drei Faden, drei Korken

SPIELE FÜR KLEINE GESELLSCHAFTEN

Zähle uns

Ihr benötigt fünf Würfel, einen Würfelbecher und einen Tisch. Verteilt euch um den Tisch. Reih um darf nun jeder einmal mit allen Würfeln werfen. Alle Mitspieler müssen nun die angezeigten Augen schnellstmöglich addieren. Der Spieler der das Ergebnis hat, ruft dies laut heraus. Stimmt das Ergebnis, bekommt er einen Punkt. Stimmt es nicht, bekommt er zwei Minuspunkte.

Benötigtes Material: fünf Würfel, Würfelbecher, Zettel und Stifte

Das große Füttern

Bei diesem Spiel sitzen zwei Spieler mit verbunden Augen an einem Tisch gegenüber. Der Tisch sollte mit einer waschbaren, oder am besten nicht mehr benötigten Tischdecke geschützt werden. Jeder Spieler bekommt vor sich eine Schüssel mit Pudding, rote Grütze oder etwas Ähnlichem gestellt. Nun müssen die beiden Spieler sich gegenseitig mit einem Löffel füttern. Der Spieler der zuerst seine Schüssel leer hat, gewinnt. Selbstverständlich aber nur, wenn nicht mehr als die Hälfte danebengegangen ist.

Benötigtes Material: Zwei Schüsseln, zwei Löffel, zwei Augenbinden, ein Tischtuch, Pudding oder rote Grütze

Weck mich

Alle Spieler legen sich auf den Boden, die Couch oder auf einen Sessel verteilt und mimen einen Schlafenden nach. Ein auserwählter Spieler muss nun versuchen, die schlafenden Spieler zu wecken. Dabei ist alles erlaubt, was nicht verletzt. Als Beispiel: Lustige Sachen erzählen, schnuppern, kitzeln und so weiter. Sobald sich ein Schlafender bewegt, lacht, oder die Augen öffnet, hat dieser verloren. Gewinner ist, wer es am längsten schlafend aushält.

Benötigtes Material: nichts

Küss den heiligen Boden

Um ein Ritual des Bodenküssens nachzuahmen, benötiget ihr für dieses Spiel einen freiwilligen Küsser, welcher der Hygiene wegen anstelle des Bodens eine Reihe von Büchern küssen wird, die auf dem Boden liegen. Die Bücher sollten möglichst unterschiedlich dick sein. Der Spieler bekommt die Augen verbunden. Nach dem er nichts mehr sehen kann, stellt ein Gast am Ende der Reihe eine Schale mit Wasser neben die Bücher. Wenn der Küsser nun mit seinem Ritual beginnt, ahnt er noch nichts von der nassen Überraschung.

Mehr Spaß für die anderen, als für den Spieler. Daher bekommt er nach dem Spiel auch eine tolle Belohnung.

Benötigtes Material: Eine Augenbinde, mehrere Bücher, eine Schüssel mit Wasser

Kick den Ballon

Bildet mit Stühlen einen Kreis. Nun müsst ihr einen Luftballon mit den Füssen reihum weitergeben, ohne den Stuhl zu verlassen. Je nachdem wie groß der Kreis ist, gilt als Regel: wenigstens ein Körperteil muss den Stuhl noch berühren. Kein anderer Körperteil als einer eurer Füße darf den Luftballon berühren. Wer es nicht schafft den Luftballon weiterzugeben, ist ausgeschieden.

Benötigtes Material: Je nach Anzahl Mitspieler entsprechend Stühle, einen Luftballon

Spiel mich

Bei diesem Spiel teilt ihr euch in zwei Gruppen auf. Jede Gruppe bereitet fünf Karten mit Begriffen vor. Jeder Begriff muss aus zwei Worten bestehen, welche unabhängig voneinander sind, aber dennoch einen Sinn ergeben. Als Beispiel: Butter Brot, Kuchen Teig oder Hunde Korb usw. Je zwei Personen aus einer Gruppe (bei einer kleineren Feier auch eine Person) ziehen sich eine Karte aus der anderen Gruppe und müssen den Spielern ihrer eigenen Gruppe das Wort, ohne etwas zu sagen, vorspielen. Die eigene Gruppe muss das Wort erraten. Wenn ihr möchtet, könnt ihr auch eine Zeitvorgabe machen. Die Gruppe die die meisten Begriffe errät, gewinnt.

Benötigtes Material: Zehn Karten, Stifte

Was esse ich / was rieche ich

Bei diesem Spiel darf ein Freiwilliger, gerne auch mehrere, raten, was der Rest der Gruppe zum Essen serviert. Hierzu baut ihr, wenn die Spieler den Raum verlassen haben, verschiedene Lebensmittel auf Tellern oder in Schüsseln auf. Nun darf der Freiwillige mit verbundenen Augen den Raum betreten und mit Hilfe von jedem Lebensmittel kosten. Je nach dem was ihr zur Verfügung stellt, kann das sehr lustig werden, wenn auch nur für die Zuschauer. Gibt es mehrere Freiwillige, gewinnt der Spieler, welche die meisten Zutaten richtig errät.

Bitte wirklich nur essbares, keine gefährlichen oder gesundheitsschädigenden Lebensmittel zur Verfügung stellen.

Das Spiel kann auch mit Gerüchen gespielt werden. Hier stellt ihr ebenfalls verschiedene Dinge zur Verfügung, und der Freiwillige muss riechen um was es sich handelt.

Benötigtes Material: Eine Augenbinde, verschiedene Lebensmittel in Schalen oder auf Tellern, verschiedene riechende Dinge

Ein Wort aus Zwei

Alle Mitspieler setzen sich im Kreis auf. Ein Spieler erfindet ein Wort, das jedoch zwei Wörter beinhaltet, beispielsweise Kuchen Boden. Der nächste Spieler muss aus dem Letzen Wort ein neues Wort machen. Beispielsweise Boden See. Der nächste nennt zum Beispiel See Stern, der nächste Stern Taler usw. Wem nichts mehr einfällt, fliegt raus.

Gerne könnt ihr hier auch eine Zeitvorgabe setzen.

Benötigtes Material: Nichts

Eiertanz

Ihr baut einen kleinen Parcours im Wohnzimmer auf. Dieser muss nicht schwer sein, denn er muss mit einem Stock zwischen den Beinen bezwungen werden. Habt ihr keinen Stock, könnt ihr auch einen Kochlöffel oder Ähnliches nehmen. Danach benötigt ihr noch einen Esslöffel und ein Ei. Es empfiehlt sich ein gekochtes Ei zu nehmen, wenn ihr die Lokalität nicht versauen wollt. Einer nach dem anderen darf nun den Parcours mit dem Stock zwischen den Beinen und dem Ei auf dem Esslöffel in der Hand bewältigen. Fällt das Ei oder der Stock herunter, hat der Spieler verloren. Gewonnen hat, wer ohne Fehler den Parcours übersteht. Sind dies mehrere Spieler, gewinnt der Schnellste, daher solltet ihr die Zeit messen.

Benötigtes Material: Einen Stock (oder Ähnliches), einen Esslöffel, ein gekochtes Ei, eine Uhr, Material für einen Parcours

TRINKSPIELE

Bei den Trinkspielen habe ich bewusst nur eine kleine Auswahl zur Verfügung gestellt und möchte hiermit zum Ausdruck bringen, dass ich den übertriebenen Konsum von Alkohol nicht unterstützte oder gut heiße. Ich ermahne hier ausdrücklich zur Vorsicht mit der Konsummenge und dem Umgang mit Alkohol.

Ich bringe hiermit zum Ausdruck, das weder ich als Autor, noch der Verlag für Folgen des zu hohen Alkoholkonsums zur Verantwortung gezogen werden können.

Flunky Ball

Für dieses Spiel werden zwei Teams benötigt. Jedes Team bekommt die gleiche Anzahl Bier zur Verfügung gestellt. Die Teams verteilen sich auf zwei Seiten und stellen sich je in einer Reihe auf. In die Mitte der beiden Teams stellt ihr eine leere Flasche auf, von Vorteil wäre eine Kunststoffflasche. Das erste Team beginnt und versucht, mit dem Spieler vorne beginnend, mit einem Ball die Flasche umzuwerfen. Gelingt dies, darf das Team so lange trinken, bis die gegnerische Mannschaft zur Flasche gerannt ist, die Flasche wieder aufgestellt hat, dabei laut Stopp ruft. So wechseln sich beide Teams ab, bis das erste Team leer getrunken hat.

Benötigtes Material: eine leere Flasche, ein Ball, Bier

Filmzauber

Ihr sucht euch einen Film aus, den ihr euch anschauen wollt. Vor dem Film einigt ihr euch auf ein Wort oder auf einen Namen, bei dem ihr trinken werdet. Sobald während des Filmes dieses Wort oder der Name fällt, müsst ihr trinken. Umso später die Stunde und umso öfter ihr schon trinken musstest, wird es euch schwerer fallen, das Wort oder den Namen zu bemerken.

Benötigtes Material: einen Film, Getränke

Pendel mich

Dieses Spiel ähnelt dem Flunky Ball, doch anstatt einer Flasche muss hier ein Pendel in einen Eimer geführt werden. Auch hier bei diesem Spiel werden zwei Teams benötigt. Jedes Team bekommt die gleiche Anzahl Bier zur Verfügung gestellt. Die Teams verteilen sich auf zwei Seiten und stellen sich je in einer Reihe auf. In die Mitte der beiden Teams stellt ihr einen möglichst schmalen Eimer auf. Der erste Spieler aus einem der Teams versucht, das Pendel in den Eimer zu bekommen. Hier ist es euch überlassen, ob das Pendel mit nur einer Hand, mit dem Mund, oder am Hosenbund befestigt in den Eimer geführt werden muss. Das gegnerische Team darf so lange trinken, bis der Pendler das Pendel eingeführt hat und laut Stopp ruft. So wechseln sich beide Teams ab, bis das erste Team leer getrunken hat.

Benötigtes Material: ein Pendel (beispielsweise einen Löffel an einem Faden befestigt), einen Eimer, Bier

Würfelspass

Ihr würfelt reihum mit zwei Würfeln. Derjenige der an der Reihe ist, muss wenn beide Würfel das Gleiche anzeigen, trinken. Würfelt er eine fünf, muss der linke Nachbar trinken. Würfelt er eine zehn, muss der rechte Nachbar trinken.

Die Regeln können nach Belieben verändert werden, zum Beispiel andere Zahlen, eine vorgesetzte Rundenzahl etc.

Benötigtes Material: Zwei Würfel, Getränke

Kerzen ausblasen

Wie bei einem Kindergeburtstag wird eine bestimmte Anzahl Teelichter aufgestellt und angezündet. Die Anzahl dürft ihr selbst bestimmen. Jeder muss reihum versuchen, mit einem Zug die Kerzen auszublasen. Gelingt dies nicht, muss er trinken und der Nächste ist an der Reihe.

Vorsicht bitte bei der Benutzung von Feuer!

Benötigtes Material: Teelichter, Feuerzeug, Getränke

Die Kutsche

Jeder Spieler bekommt einen Teil einer Kutsche zugewiesen. Ein Spieler ist die Kutsche, ein anderer das rechte vordere Rad, der nächste ist das linke vordere Rad, es gibt noch mindestens ein Pferd, den Kutscher, eventuell noch einen Koffer, ein Sitzkissen usw. Die Kutsche könnt ihr je nach Anzahl Mitspieler beliebig ausschmücken. Alle Kutschenspieler bauen sich nun entsprechend wie eine Kutsche auf. Nun liest jemand eine Geschichte über eine Kutsche vor, die ihr euch vorab ausgedacht habt. Immer dann, wenn eines der Teile genannt wird, steht der entsprechende Spieler auf und darf etwas trinken.

Andere Variante: Der der seinen Einsatz verpennt, muss trinken.

Benötigtes Material: Blatt mit Geschichte, Stuhl für den Erzähler, Getränke

BABYSHOWER

Babybegriffe

Ihr macht euch eine Liste mit folgenden Begriffen als Überschrift: Babyname – Babyspielsachen – Babykleidung – Babypflegeprodukte – Babybegriffe. Dann wird von einem Mitspieler ein Buchstabe genannt. Nach dem Nennen des Buchstabens darf nicht mehr gesprochen werden. Alle haben nun 30 Sekunden Zeit, mit diesem Buchstabe als Anfangsbuchstabe die eben genannten Spalten zu füllen. Ist jemand schneller fertig, ruft die Person laut Stopp. Für jedes gefundene Wort gibt es 10 Punkte. Haben mehrere Personen das gleiche Wort, gibt es nur 5 Punkte, 0 Punkte gibt es natürlich, sollte kein Wort gefunden worden sein. So geht das reihum, bis insgesamt zehn Runden gespielt wurden.

Im Anschluss werden die gesammelten Punkte addiert, die Person mit den meisten Punkten gewinnt und darf das nächste Spiel aussuchen.

Benötigtes Material: Je Person einen Stift, je Person ein Blatt Papier, eine Uhr

Wer saugt schneller

Bildet zwei Teams mit gleicher Anzahl Mitspieler. Jeder Spieler erhält eine Babyflasche mit Getränk eurer Wahl gefüllt. Auf los geht es los und es muss getrunken werden. Das Team, das als erstes die Flaschen leer hat, gewinnt.

Das Spiel kann wie folgt abgewandelt werden:

Die Spieler eines Teams müssen sich hintereinander aufstellen. Bei los beginnt der jeweils erste Spieler eines Teams. Erst wenn dieser seine Flasche leer hat, darf der nächste Spieler vortreten und mit dem Trinken beginnen.

Benötigtes Material: Je Person eine Babyflasche, Getränke

Windel mich

Bei diesem Spiel treten je zwei Spieler gegeneinander an, bevorzugt Männer. Auf einem Tisch liegen zwei Babypuppen mit vollen Windeln (beispielsweise mit Nutella und Wasser gefüllt), sowie Windelmaterial (saubere Windeln, Puder…) Auf los geht es los und die Spieler müssen das Baby frisch windeln und natürlich vorher entsprechend sauber machen. Der erste Spieler, der seine Aufgabe zufriedenstellend erledigt hat, gewinnt.

Benötigtes Material: Zwei Puppen, je eine saubere und eine „benutzte" Windel, Puder, Reinigungstücher

Rate mich

Bei diesem Spiel bedarf es der vorherigen Ankündigung. Denn jeder Spieler benötigt von sich selbst ein Babyfoto. Auf der Babyshower Party werden alle Bilder eingesammelt, gemischt und dann auf einem Tisch ausgebreitet. Vorher dürfen sich die Spieler die Bilder natürlich nicht gegenseitig zeigen. Die Gäste müssen nun gegenseitig raten, wer auf dem Bild wer ist. Um das Ganze spannender zu machen, können die Bilder mit Nummern versehen werden. Jeder Gast bekommt, sofern sich nicht alle untereinander kennen, ein Namensschild. Nach 2 Minuten Bilder anschauen schreibt nun jeder Gast die Nummer des Bildes, sowie den dazugehörigen Namen auf einen Zettel.

Der Gast, der die meisten Übereinstimmungen hat, gewinnt und darf das nächste Spiel aussuchen.

Dieses Spiel kann auch ohne Nummern in der Runde gespielt werden. So können sich die Gäste untereinander beraten und unterhalten, warum sie glauben, dass ein Bild zu einer Person gehört. Eine lustige Angelegenheit.

Benötigtes Material: Bilder der Gäste als Baby, einen Tisch, gegebenenfalls Namensschilder, Zettel, Stifte

Rollentausch

Bei diesem Spiel dürfen die Männer, wenn diese anwesend sind, die Schwangerschaft übernehmen, in dem Sie einen Luftballon unter ihr T-Shirt oder ihren Pullover klemmen. Die Damen der Runde dürfen nun Aufgaben stellen, welche die Männer in ihrem Zustand erledigen müssen. Und zwar so, dass dem Luftballon nichts passiert. Hier sind eurer Phantasie keine Grenzen gesetzt. Ihr könnt mit einfachen Dingen beginnen und sie immer schwerer werden lassen. Einige Beispiele: Schuhe binden, Beine rasieren (oder etwas anderes rasieren), Unterhosen anziehen, ein Toilettengang simulieren und vieles mehr.

Der Mann, der am Ende alle Aufgaben gelöst hat, gewinnt und bekommt eine Belohnung.

Benötigtes Material: Entsprechend der Anzahl Mitspieler Luftballons

Tipp mich

Bei diesem Spiel darf von der schwangeren Dame der Bauchumfang geschätzt werden. Wer von den Gästen tippt richtig? Um dies zu prüfen, darf jeder Gast seinen Tipp auf einen Zettel schreiben. Nach dem die Zettel eingesammelt wurden, wird nachgemessen. Der Sieger erhält eine Belohnung, oder darf das nächste Spiel bestimmen.

Um das Spiel zu erschweren, kann auch der gemeinsame Bauchumfang von Mutter und Vater geschätzt, und im Anschluss gemessen werden.

Benötigtes Material: Ein Maßband, Zettel, Stifte

Mal mir was

Auch ein schönes Spiel oder Ritual ist das Schenken guter Wünsche. Jeder der Gäste darf den Babybauch mit etwas schönem, beispielsweise einen schönen Spruch oder einem Zukunftswunsch beschreiben oder ein schönes Bild malen. Bitte benutzt hierfür nur hautfreundliche Farben. Es ähnelt einem Märchen, bei dem die ganzen Feen kommen und dem Kind gute Gaben schenken. Ein Foto von dem Gesamtkunstwerk soll die Mutter, die Gäste und auch das Kind später erfreuen.

In ein paar Jahren können sich alle Gäste treffen und schauen, ob alles in Erfüllung gegangen ist.

Benötigtes Material: hautfreundliche Farben

Weitere Werke von mir:

Die Reise des Schneeflöckchen Lara

In dieser winterlichen Geschichte macht sich das kleine Schneeflöckchen Lara auf die Reise auf die Erde, um etwas Großes zu erleben. Noch weiß sie jedoch nicht, was auf sie zukommt, und welche interessanten Freunde sie unterwegs findet.

Paperback, 84 Seiten, ISBN 978-3-7347-3649-0

Hilfe - bei Angst, Panik und Depressionen

Hilfe - bei Angst, Panik und Depressionen ist ein Buch für Betroffene, die Unterstützung gegen Ihr Leid suchen. Theorie, eine Betroffenengeschichte und sehr viele Beispiele und Ideen zur Selbsthilfe sollen dem Betroffenen als Stütze gegen Ängste, Panikattacken und Depressionen dienen.

Paperback, 196 Seiten, ISBN 978-3-7347-9426-1

Mehr von mir findet ihr unter:

www.johanna-miller.jimdo.com

Passende Buchempfehlungen:

Schreibt uns was zur Hochzeit - Das Hochzeits-Gästebuch von **DANITA MOLINA.** In diesem Buch können sich alle Gäste eurer Hochzeitsfeier eintragen. Da oft an so einem tollen Fest die Ideen fehlen, dürfen die Gäste ein paar Fragen beantworten. In diesem Buch können sich 50 Gäste verewigen. Eine tolle Erinnerung an alle, die mit euch gefeiert haben.
Erhältlich als: Hardcover, 120er Papier in weiß oder als Paperback & 90er Papier in creme, 112 Seiten
ISBN 978-3-7412-5304-1

Mach mich - Mach dich - FUNNY von **DANITA MOLINA.** Dieses Buch soll Dir zu vielen lustigen Ereignissen und Situationen, sowie etwas aktiver Beschäftigung verhelfen. Vergiss Deine Notizen nicht. Dann wirst Du immer wieder Freude am späteren Lesen dieses Buches haben, nachdem Du die Aufgaben erledigt hast. Auch ein tolles Geschenk für Spaßvögel.

Paperback, 128 Seiten, ISBN 978-3-7392-4592-8

Weitere passende Buchempfehlungen unter:

www.danita-molina.jimdo.com

Idee & Gestaltung: © Johanna Miller
www.johanna-miller@jimdo.com

Herstellung und Verlag:
BoD – Books on Demand, Norderstedt
ISBN: 978-3-7412-8987-3